LANCEL

© Éditions Assouline
26-28, rue Danielle-Casanova, Paris 75002, France
Tél. : 01 42 60 33 84   Fax : 01 42 60 33 85
www.assouline.com

Dépôt légal : 1er semestre 2001
Tous droits réservés
ISBN : 2 84323 224 4

Directrice de collection : Stéphanie Busuttil

Photogravure : Gravor (Suisse)
Imprimé par Grafiche Milani (Italie)

Toute reproduction, même partielle,
de cet ouvrage est interdite
sans l'autorisation préalable de l'éditeur.

Achevé d'imprimer : juin 2001

PAR BRIGITTE FITOUSSI

ASSOULINE

> *"Paris sent la femme chic.*
> *C'est l'odeur de sa spécialité.*
> *Elle imprègne ses architectures tempérées*
> *et flotte sous son ciel couleur d'aile."*
> Lucien François, *Les Élégances de Paris*

L'histoire de Lancel débute au XIXᵉ siècle. Elle se calque sur celle des grandes maisons françaises qui, douées d'un très grand savoir-faire, sont passées, au fil des temps et des modes, "du stade artisanal à celui d'entreprises internationales de luxe"*. Mais cette destinée est loin de ce que peuvent imaginer ses fondateurs quand ils commencent à fabriquer et vendre leurs premiers articles pour fumeurs.

La vie parisienne, alors très intense, voit toute la belle société mener grand train, stimulée par les avancées du progrès et par une étonnante expansion économique. C'est donc dans un contexte florissant, et propice aux innovations en tout genre, qu'Alphonse Lancel et son épouse Angèle, Giroud-Argoud de son nom de jeune fille, et femme de tête, ouvrent à Paris, en 1876, une petite fabrique de pipes, au 20, passage des Petites-Écuries.

Le début de leur aventure s'inscrit après la chute du second Empire. Paris se relève de la Commune, sous le sceau d'une troisième République qui reprend, plus calmement, le flambeau capitaliste du régime précédent (jugé trop affairiste).

Les machines-outils, mises au point dans le monde anglo-saxon, font déjà écho aux chaînes de production en série. C'est l'époque des grandes inventions techniques, du moteur électrique, du téléphone, de l'ampoule électrique d'Edison, de la locomotive électrique… puis bientôt des tramways électriques et du métro. Elles vont transformer la vie et l'activité de la grande cité.

Parallèlement à l'avènement de l'ère industrielle, Paris connaît aussi en ce siècle ses plus grandes mutations urbaines et commerciales, sous l'ambitieuse conduite du baron Haussmann. La création d'un réseau de voirie moderne et de nouveaux quartiers bouleverse radicalement ses données économiques : la ville des lumières offre désormais au monde son nouveau rayonnement.

Angèle Lancel, femme d'affaires

Angèle Lancel est une femme d'action. C'est elle qui insuffle l'énergie à la petite entreprise familiale : elle a le sens des affaires. Dès que ses enfants, Joséphine et Albert, atteignent respectivement huit et cinq ans, elle décide d'en prendre pleinement les rênes.

Avec une intuition innée, elle commence à choisir les meilleurs emplacements, bien décidée à s'implanter dans "le quartier des élégantes du second Empire"*. Elle quitte le quartier des fabriques, à son goût un peu trop industrieux, pour s'installer sur les Grands Boulevards : elle a déjà dans l'idée de s'orienter vers la vente au détail.

S'ouvre ainsi, au 17, boulevard Poissonnière, un magasin dont l'enseigne, Au Phénix, s'impose fièrement : il propose au chaland des

pipes aux matières nobles, en ambre ou bruyère, et maints autres articles précieux pour fumeurs. Non loin, l'usine qui les fabrique est implantée sur le quai de Valmy : elle bénéficie des dernières prouesses techniques dues à la vapeur.
La maison Lancel prépare judicieusement son avenir, même si elle ne soupçonne pas encore à quel point elle sera célèbre. En instaurant un cycle complet de la fabrication à la vente, qui inclut le commerce de gros comme de détail, "elle se familiarise avec tous les aspects de l'artisanat de luxe"*.

Sur l'axe des grands magasins et des Grands Boulevards

Le nouveau magasin Au Phénix, situé en face du fameux Café de Madrid, trône sur l'une des avenues les plus passantes de Paris. Là, où l'on trouve toutes les boutiques de mode, les théâtres et les restaurants en vogue. Il s'inscrit dans l'axe des grands magasins, qu'Émile Zola dans *Au bonheur des dames* dépeint à merveille. Ces "géants" du commerce, qui remplacent les "magasins de nouveautés" du début du siècle, attirent pour la diversité des articles proposés, mais aussi pour leurs nouvelles méthodes de vente. Chez les Lancel, où l'on vante les mérites du commerce spécialisé, la nouveauté vient de la clientèle qui voit les premières fumeuses franchir le pas de sa porte. Ces audacieuses influencent certainement l'installation d'autres magasins Lancel dans le centre de la mode féminine. Une nouvelle boutique est inaugurée, 11, boulevard des Italiens, à deux pas de la rue de la Paix : le pôle privilégié des grands couturiers (Jacques Doucet, Charles Frédéric Worth), des grands parfumeurs (Guerlain) et autres négoces de luxe. Fait rare pour l'époque, l'entreprise s'étend en province : en 1883, elle est à la tête de cinq succursales, à Marseille, Bordeaux, Lyon, Le Havre et Lille.

Puis la boutique Au Phénix se déplace à nouveau au 28, boulevard des Italiens, tandis que s'ouvre une grande fabrique de pipes au 139, boulevard de Sébastopol, cette fois-ci sous le propre nom de sa propriétaire : Angèle Lancel. Mais elle est vite rebaptisée À l'Incomparable, en 1896. Les premiers succès aidant, la dynamique commerçante qui dirige de main de maître les deux enseignes parisiennes pense à de nouveaux développements. Elle aimerait s'attirer les compagnes de ses clients, des hommes d'affaires fortunés, pour leur proposer des produits plus spécifiques à l'univers de la mode.

Quand Albert, le fils Lancel, prend la relève

Albert Lancel a depuis un certain temps rejoint sa mère aux commandes. Il l'aide au départ à échafauder ses plans d'expansion. Il prépare la relève.
Quand sa mère meurt en 1901, il reprend à part entière le négoce, sa sœur lui ayant cédé ses parts en 1903. Son objectif est de transformer en véritable commerce de luxe la maison familiale, qu'il juge à présent trop artisanale. Il veut surtout offrir à sa clientèle de la fantaisie et de la nouveauté. Le mot "nouveauté" désigne à l'époque les articles ou les accessoires de mode, mais aussi des objets divers rares et curieux. Habitué à voyager à Londres où il se fait tailler de beaux costumes, le fils Lancel est un dandy : il a le goût des belles choses.
La Belle Époque qui se dessine inaugure ce XXe siècle sous le signe de l'Art nouveau, des plaisirs et des belles Parisiennes. Elle n'est pas sans influencer les envies de changement du nouveau patron de Lancel. Sans renoncer à l'activité première de l'entreprise, ce dernier, en pur esthète, s'oriente vers l'accessoire féminin et l'objet décoratif :

les pipes, les fume-cigarette et articles pour fumeurs, la maroquinerie de luxe, l'orfèvrerie et les émaux d'art constituent sa nouvelle vitrine. Parmi ces nouveautés, le sac à main, récent accessoire de la parure féminine, va progressivement s'imposer aux côtés des portefeuilles et porte-monnaie dont la clientèle masculine est déjà coutumière. Même s'il semble prématuré pour une femme de rang d'entrer seule dans un magasin, Albert Lancel anticipe. Il perçoit l'intérêt de séduire une clientèle féminine, qui va lui permettre au fil des années d'asseoir sa réputation.

L'esprit de la marque à la Belle Époque

Les premiers sacs sont minuscules, mais peu importe la taille, pourvu qu'ils aient de l'esprit. Le petit sac pour dame, "selon les circonstances, ressemble à une bourse, traitée en tissu précieux, à un porte-monnaie en maille métallique ou à la réduction d'un sac de voyage lorsqu'il est exécuté en maroquinerie. De forme rigide, en cuir grenat, marron ou noir, on l'ouvre en actionnant un bouton-pressoir sur le fermoir en métal et on le porte à la main avec une courte anse gainée de cuir."*

Chez Lancel, la collection de sacs en cuir est des plus sophistiquées : en "peau de tapir", en "phoque fin" ou en "veau velouté", elle fait l'admiration d'une clientèle d'élégantes qui compte déjà des actrices, comme Cécile Sorel ou plus tard Mistinguett.

Il convient souvent de compléter son sac par une panoplie de petits accessoires ou garnitures à insérer à l'intérieur, comme un porte-cartes, un miroir, une broche ou encore une trousse à poudre. Le poudrier à motif de coccinelle préfigure un style animalier que la firme lance avec conviction entre les deux guerres.

Au rayon des fumeurs, le briquet nommé à l'époque Nul Système, ancêtre du briquet de poche, fait son apparition. En or ou argent cannelé, il est le complément indispensable des étuis à cigarettes du même métal précieux, et des fume-cigarette en ambre, au système éjecteur appelé en son temps Excelsior.

À la veille de la première guerre

Le fils Lancel avait vu juste : en diversifiant ses gammes, ses affaires vont en s'accroissant. Sa marque rencontre un tel succès qu'il propose même, comme luxe ultime, un service de "commandes spéciales". Mais il lui faut s'agrandir et il rachète, en 1910, un ancien relais de poste du XVIIe siècle situé au 3, impasse de la Planchette. Dans ce bâtiment (qui deviendra le siège social), de nouveaux ateliers sont installés : dotés depuis peu des systèmes électriques, ils garantissent à la marque de nouvelles perspectives d'expansion. Le fait que la production soit directement liée à la vente sera l'une des grandes clefs de son succès.
L'engouement pour les articles de maroquinerie et l'objet décoratif va bientôt reléguer au second plan les articles pour fumeurs. À la veille de la première guerre mondiale, la notoriété de Lancel n'est plus à faire. Installée dans les grandes villes de province, mais aussi, depuis le début du siècle, dans les lieux de villégiature de sa clientèle comme Nice (1910) ou Vichy (1914), la firme distille avec art l'esprit des fastes parisiens.

Lancel et les Années folles

L'entre-deux-guerres est très prolifique pour Lancel. C'est une période de grande créativité qui va de pair avec la naissance du modernisme. Dès les années vingt, une "nouvelle femme" se dessine : libérée de son corset, les cheveux coupés au carré, elle tend vers un style à la garçonne.

La propre femme d'Albert Lancel, la jolie Estelle, "roule en Hispano"* et est à l'image de la nouvelle clientèle féminine : "toutes ces héroïnes de la vie moderne qui vivent au rythme trépidant de l'automobile, des trains et des paquebots transatlantiques"*.

L'"accessoirisation" de la parure de ces femmes émancipées, comme la décoration de leurs intérieurs, marquent une nouvelle étape chez Lancel. Les départements d'orfèvrerie et des arts de la table (cristallerie, faïence et argenterie) s'inaugurent en 1920. Puis se crée le département horlogerie en 1921, suivi de la joaillerie-bijouterie, des disques et phonographes en 1922, des appareils photos en 1923 et, enfin, des articles de voyage en 1926.

Le nouvel attrait pour l'objet-cadeau fait disparaître l'enseigne Fabrique de pipes en 1924, mais les articles pour fumeurs connaîtront encore de beaux jours. L'intense vie nocturne des Années folles incite à proposer toute une série d'articles propices au "tabagisme et à la frivolité". D'autant qu'il est alors de bon ton pour les femmes de la haute société d'arborer en public leurs longs fume-cigarette en corne, ivoire ou argent ciselé. Lancel produit ainsi un briquet de poche en 1927, s'allumant par simple pression, qui se décline aussi bien pour l'homme que pour la femme.

Au rayon maroquinerie, plusieurs modèles de sacs, plutôt astucieux, sont déposés, comme, en 1928, l'élégant sac nommé à l'époque "Sac-parapluie", doté sur le dessous, dans un petit compartiment rétractable, d'un parapluie pliant. D'autres modèles, tout aussi chic, et aux lignes géométriques typiquement années trente, se couvrent de "croco, daim, boa véritable, paillettes, strass et perles, émail ou "Oreum" [procédé imitant l'or]"*. L'heure est aux petites pochettes du soir et trousses avec glace au rabat, bourses ou poudriers. Les sacs extra-plats avec fermoir extensible sont aussi très en vogue : ils sont toujours doublés de soie ou de moire.

Le modernisme inspirateur

Lorsque la Bourse s'effondre en 1929, les affaires de la maison Lancel n'en sont pas affectées, dans la mesure où elles sont principalement concentrées sur le marché intérieur. Contrairement au monde de la couture qui est plus affaibli par ce terrible krach. La dizaine de points de vente répartis dans toute la France permet en effet de s'immiscer dans beaucoup de secteurs d'objets de luxe et de l'artisanat d'art.
Sur sa belle lancée, Albert Lancel brevète toute une série de modèles inédits, comme les pendulettes porte-photographies (1931), le briquet qui indique l'heure (1932) ou encore, en 1933, l'appareil TSF miniature, avec sa prise pour auto et sa valise portative. Ces nouveaux produits vantés par les réclames sont souvent extravagants. Dans le guide de cadeaux de Noël édité en 1933, on propose, par exemple, une lampe qui "donne l'heure, s'allume en vous réveillant et met en marche automatiquement votre appareil TSF"*.
L'avènement de l'Art déco est l'occasion d'étendre le département d'"orfèvrerie moderne", avec la création de sublimes services de table qui se déclinent pour le pain, les sauces, les cocktails…
Lorsque Albert Lancel participe, en 1937, à l'Exposition internationale des arts et des techniques, c'est le couronnement. Il gagne le grand prix grâce à ses fameux briquets automatiques nommés à l'époque l'Allumette Lancel, le Lancel Excelsior ou le Lancel Royal avec sa montre intégrée. Il expose surtout dans le superbe pavillon de la maroquinerie : un bâtiment de six cents mètres carrés sur deux niveaux, paré sur ses murs d'un bas-relief signé Lemaître et intitulé

Les Différents Pays produisant le cuir. Lancel semble pour l'instant en tête du sien. Mais pour qu'il devienne le spécialiste du "bagage pour tous", il lui faudra attendre l'après-guerre. À l'époque de l'aérodynamisme et du Streamline, les voyages dans les paquebots ou dans les avions sont encore réservés à une élite. Ils imposent de nouveaux bagages, comme la malle appelée à l'époque Lancel Aviona : "La malle avion la plus pratique des porte-habits."* Elle intègre, pour madame comme pour monsieur, une garde-robe restreinte, mais de choix : un tailleur pour le jour et une tenue de soirée, avec des casiers pour les chaussures et la lingerie.

Une architecture d'avant-garde

L'ère moderne se fait l'écho d'une nouvelle architecture. L'espace, magnifié par la lumière naturelle, souligne de beaux volumes aux lignes dépouillées et aux matières innovantes : le verre, l'acier, le béton… Les boutiques sont souvent grandioses. Bon nombre d'entre elles, à la pointe de ce modernisme, sont aujourd'hui disparues, mais restent des références.
En 1926, Albert Lancel rachète le bail du magasin À la Petite Jeannette, au croisement du boulevard des Italiens et de la rue de Richelieu. Il en confie l'architecture, qu'il souhaite vivement d'avant-garde, à Lefranc. Il n'est pas déçu.
Cinq mois après, le résultat est spectaculaire : une immense façade vitrée, incluse dans un encadrement de pierre, s'offre aux regards des passants médusés. Le sigle, Lancel Maroquinerie Orfèvrerie, s'y affiche en lettres géantes. L'inauguration, le 2 mai 1927, crée l'événement. C'est l'occasion d'une grande mondanité parisienne. Des clients célèbres comme Michel Simon ou Mistinguett sont de la partie.

Quelques années plus tard, l'"insatiable" chef d'entreprise convoite cette fois-ci la place de l'Opéra. Il loue la boutique Le Bar automatique, ainsi que l'appartement qui se trouve au-dessus. L'architecte Lefranc, qui signe à nouveau les travaux, reprend l'idée d'une grande façade en verre, qu'il ponctue d'éclairages au néon pour la faire briller de tous ses feux la nuit.

Emblème de la marque jusque dans les années soixante-dix, ce magasin s'agrandit au fil des années, en s'adjoignant au fur et à mesure les boutiques alentour. À l'intérieur, deux grands ascenseurs en fer forgé occupent stratégiquement le centre et la marchandise est exposée par catégorie d'objets dans des vitrines éclairées.

Côté rue, dans de vastes vitrines occultées en fond par de longs voilages, tous les produits proposés à la vente se trouvent amoncelés, invitant le passant à entrer. Mais ce magasin prend feu malencontreusement dans l'une de ses vitrines, en 1959.

C'est l'occasion d'une rénovation complète comme d'un agrandissement : les locaux voisins, ceux de la Société des bas Marny, sont alors rachetés. Le magasin, d'envergure, va définitivement être réparti sur quatre niveaux, dont un réservé à l'administration. Tout comme l'unique porte, qui donnait sur le boulevard des Capucines, est remplacée désormais par de rutilantes portes automatiques à double battant.

Hélas, en 1970, un autre incendie dévaste totalement (cette fois-ci) les lieux, occasionnant deux années de travaux.

Pendant toute cette période, Lancel s'installe au deuxième étage de La Maison du Blanc, place de l'Opéra, mais choisit aussi un autre local, implanté sur le rond-point des Champs-Élysées.

Sa situation dans ce nouveau quartier de la mode, le plus en vue à la fin des années soixante, incite la firme à ouvrir en 1971 une nouvelle boutique dont l'architecture est dans son style précurseur. Les lettres arrondies du logo Lancel (créé en 1966), que l'on retrouve sur l'enseigne, parfont sa touche très "design". Ce logo, qui étire avec élégance les six lettres de Lancel, a longtemps facilité l'identification de la marque : il restera inchangé jusqu'en 1999.

Vers la société de consommation

Après la seconde guerre, les affaires, qui reprennent lentement, poussent Lancel à faire évoluer sa politique commerciale. Sa clientèle, plus jeune, a d'autres exigences. De fait, l'élite à laquelle les industries du luxe se destinaient s'incline progressivement devant cette nouvelle masse de consommateurs qui ont depuis peu acquis un pouvoir d'achat.

Les frivolités parisiennes de la belle société ne seront plus jamais ce qu'elles étaient avant guerre. La haute couture s'offre, en 1947, un rapide sursaut avec l'étonnant New Look de Christian Dior, mais le prêt-à-porter, qui déjà fait sa première entrée, la supplantera bientôt. Les débauches de tissu et la rigidité qu'imposent les jupes très serrées à la taille conviennent moins aux jeunes femmes modernes, plus en quête de liberté dans leurs mouvements, et surtout plus attentives aux coûts. La rapidité de fabrication de vêtements industrialisés, mis en vente à des prix avantageux, correspond alors davantage à l'esprit de l'époque. La société de consommation, sur les traces de l'*American way of life*, est résolument en marche.

Cette même année 1947, Albert Lancel, qui fête ses soixante-treize ans, "lâche un peu la bride". Il confie une partie de ses affaires à ses deux gendres : M. Devouge, le mari de sa fille aînée, Alberte, prend la tête du magasin de l'Opéra et M. Champagne, l'époux de sa cadette, Anne-Marie, prend la direction des ateliers.

À la fin des années cinquante, les dépôts de modèles ne se font plus à tour de bras, mais Lancel n'est pas à court d'idées. La firme est l'une des premières à se lancer dans la liste de mariage : elle ouvre le rayon "Mariagerie" dans le magasin de la place de l'Opéra, qui s'attire ainsi une nouvelle clientèle. Mais l'époque du *baby-boom* est moins propice à l'expansion commerciale. Certains magasins ont fermé : il ne reste plus que quatre succursales à Paris, Nice, Nantes et Lyon. Le magasin place de l'Opéra est heureusement un puissant moteur : son chiffre d'affaires est en progression constante. Personne alentour n'offre encore une gamme aussi diversifiée d'articles. Le secteur de l'objet-cadeau, qui continue à décliner mille fantaisies, reste chez Lancel une valeur sûre, notamment dans le domaine de l'horlogerie. Les fameuses pendules au style animalier, en forme de tortue, connaissent un grand succès. Elles sont aussi vendues dans des catalogues de cadeaux pour entreprises, à l'avenir très prometteur. Dans cette période de mutation, le secteur de la maroquinerie et des bagages, en plein essor, annonce une nouvelle dynamique : il prendra désormais le pas sur les autres rayons.

Une entreprise à vocation désormais internationale

Albert Lancel décède en 1960, à l'âge de quatre-vingt-sept ans. Il s'était retiré de l'affaire familiale seulement deux ans auparavant, après s'y être consacré "corps et âme" plus d'un demi-siècle. M. Devouge, le mari de sa fille aînée, prend la direction générale, tandis que sa belle-mère assure la présidence. Sur les traces de son "exemplaire" beau-père, Devouge se donne alors comme but de préserver avant tout la notoriété de la marque. Vu l'évolution du commerce et du produit de masse, il affirme l'idée fondatrice de sa société : le "luxe accessible".
Les premières publicités Lancel, publiées dans les années vingt, étaient sans doute annonciatrices. "Les cadeaux les plus chic à des

prix accessibles à tous"»*, pouvait-on lire dans *L'Illustration,* en 1924, au moment de Noël. Ou, dans une autre réclame, en 1931 : "À tous les prix, un cadeau élégant et vraiment utile."*
Or, cette politique de démocratisation des produits de luxe s'impose après guerre chez toutes les grandes maisons qui, pour survivre, prennent pour la plupart les chemins de la diversification. D'où le développement, en particulier dans l'univers de la couture et de la mode, des cosmétiques, des lignes d'accessoires et produits dérivés des marques, le parfum restant le produit promotionnel par excellence. Lancel n'y échappe pas.
À partir des années soixante-dix, le processus de modernisation est enclenché. M. Devouge informatise l'entreprise dès 1972. L'heure est aussi aux alliances. Lancel accorde la même année à la société Sogedi, appartenant à Edgard et Jean Zorbibe, une licence de bagages et de maroquinerie. Les deux frères ont dans ce domaine de l'expérience : ils possèdent deux usines spécialisées dans la fabrication de bagages et fabriquent déjà depuis deux ans des articles de voyage pour Lancel.
Quatre ans après, en 1976, à l'initiative de Devouge qui se retire des affaires, les Zorbibe président l'entreprise. Une nouvelle famille succède, "se portant garante d'une tradition fondée sur la fidélité"*.
Avec les frères Zorbibe, Lancel connaît une autre destinée qui lui ouvre les portes de la renommée internationale. Marketing, communication et distribution sont repensés. Un nouveau réseau de points de vente est mis en place : vingt-cinq magasins, dix-huit *corners*, deux cents diffuseurs multi-marques, ainsi que deux franchises, assurent en France la distribution. À partir de 1979, deux filiales sont inaugurées aux États-Unis, suivies d'une percée dans tout le Sud-Est asiatique. Le Japon augure à lui tout seul d'un marché mirifique, avec un réseau de cinq cents points de vente dans les principales villes. Ce développement à l'international permet à

Lancel, en l'espace de deux décennies, d'être à la tête d'un millier de points de vente répartis sur une quarantaine de pays.

L'art du bagage pour tous

Les nouveaux dirigeants ont durant la relance, à la fin des années soixante-dix, réorganisé le circuit de fabrication en le centrant principalement sur la maroquinerie. Ce qui détermine une nouvelle géographie. En 1981, l'Impasse de la Planchette, abandonnée dès 1976, est remplacée par un immeuble, au 127 de l'avenue des Champs-Élysées. De l'administration au département de création jusqu'à l'immense *showroom*, tous les services y sont regroupés. Ainsi installée sur "la plus belle avenue du monde", la célèbre firme, cent ans plus tard, reste fidèle au rêve de ses fondateurs de conquérir la capitale. Ce rêve se réalise au-delà de leurs espérances, puisque la conquête est désormais internationale.

Avant la guerre, les voyages n'étaient réservés qu'à une population de privilégiés, et tout déplacement constituait une véritable expédition. Peu importait le poids ou l'encombrement des bagages, puisqu'il y avait toujours quelqu'un pour les porter. Les grandes dames n'hésitaient pas à emporter toute leur garde-robe dans de vastes malles qui se devaient d'être très solides, sous-entendant un important travail de sellerie. Encore de nos jours, malgré l'utilisation de la colle, ce type de bagage (qui n'est plus fabriqué que sur commande et fait l'objet de séries ou rééditions limitées) implique, pour le gainage, une fabrication artisanale de haut niveau.

Mais, dès les années cinquante, la pratique du voyage se démocratise largement. Les trajets en train ou en avion, de plus courte durée, demandent des bagages peu encombrants et surtout plus faciles à porter. Le bagage souple fait très vite son apparition : sa structure s'allège grâce au remplacement du fût de bois par deux arceaux métalliques (la technique est mise au point par Lancel). Il est fait de matière de synthèse et se referme avec une fermeture à glissière. Désormais, grâce aux machines, il peut être fabriqué en série.

L'un des premiers grands succès de Lancel est, dans ce contexte, la valise Kangourou, qui devient le fer de lance de la marque jusqu'à la fin des années soixante. Elle fait l'objet d'un premier brevet en 1956 "sur la définition d'une mallette souple à double couvercle, fermeture Éclair"*. Fabriquée dans une toile de Nylon, le Nélac (une exclusivité Lancel), elle est vendue à l'époque à un prix très attractif (39,95 francs), pour être destinée au plus grand nombre. Sa texture lui assure une grande légèreté, ainsi qu'une déclinaison très étendue de coloris. Et sa poche sur le dessus, d'où son nom, est prévue pour "les imperméables et les oubliés de dernière minute"*. En somme, un produit parfait, qui déchaîne les ventes : huit cents exemplaires sont vendus lors de son premier lancement. C'est un véritable événement. La valise Kangourou est, en réalité, le symbole de l'avènement du "bagage pour tous".

Très populaire, elle est aussi appréciée des célébrités du monde du spectacle, qui viennent régulièrement se fournir chez Lancel, où le vieil Albert, présent tous les après-midi, les reçoit fièrement. Gilbert Bécaud, Roger Pierre et Jean-Marc Thibault, Sophie Daumier, Madeleine Renaud, Denise Grey, Dario Moreno, Yvette Horner, Eddy Mitchell, pour ne citer que quelques-uns de ses prestigieux clients, ont laissé leur signature sur le livre d'or. Sans oublier les Frères Jacques qui ont écrit, en 1958, cette phrase mémorable : "Vivement les tournées pour avoir la joie de ranger nos têtes effarées dans les beaux bagages Lancel."*

Beaucoup de bagages suivent sur le même principe, tandis que leurs fonctions se multiplient : valise porte-habits avec cintres, cabas à poches latérales, valise compartimentée, trousse de toilette...

La forme suit désormais la fonction : Lancel privilégie "le beau dans l'utile".

Au début des années quatre-vingt, la firme élargit sa gamme de voyage : elle sort en 1984 une nouvelle ligne de bagages, à la fois élégante et décontractée. Réalisés à partir d'une toile de Nylon Cordura** d'une très grande solidité, ils répondent aussi à de multiples usages. Les couleurs sont vives et les discrètes garnitures de cuir leur apportent une touche raffinée. Aujourd'hui, avec plus de quarante modèles et quatre coloris (noir, vert, rouge, bleu), cette gamme de valises et sacs de voyage demeure l'une des lignes-phares du rayon bagage.

Chez Lancel, l'apparition de la couleur se fait dès les années cinquante. Elle est alors un signe distinctif par rapport aux concurrents : elle introduit dans l'univers souvent conformiste du luxe un clin d'œil impertinent. Actuellement, notamment dans le rayon des sacs, elle permet à chaque collection d'offrir de nouvelles teintes, parfois osées, comme le jaune, le fuchsia ou le parme, mais toujours accordées aux tendances de la mode.

Elle est aussi un puissant vecteur de communication, comme en témoignent les campagnes publicitaires qui en jouent très finement. La photo de la célèbre ligne de bagages, en 1987, reste un modèle du genre : toute de rouge vêtue, un *top model* très glamour pose devant un amoncellement de bagages... rouge, bien sûr, devenu depuis la couleur fétiche de la marque.

Modèles et matières de l'invention

L'activité de la maroquinerie, qui supplante dès l'après-guerre celle des articles pour fumeurs, devient donc, dans les années soixante-dix, l'un des secteurs principaux de l'entreprise.

"La qualité de fabrication dans le respect des traditions"* restera un *leitmotiv*. "Le sac doit être à la mode, sans excès, mais garder un côté classique pour laisser toute sa valeur à la matière qui en est l'essentiel."*

Entre tradition et modernité, le style de Lancel, spécialiste du cuir, vise l'intemporalité, propre à la patine du cuir, fait pour durer et se bonifier au fil des ans.

L'architecture d'un sac prime sur l'aspect décoratif et les lignes se veulent pures. Elles tendent à perpétuer un "esprit couture" avec des finitions et des matières des plus sophistiquées, comme les cuirs gainés ou surpiqués, le veau impression pécari ou lisse, le box liégé ou calf, les cuirs traités en lézard, lisse ou à grain…

La création est aussi devenue le ferment stimulant et indispensable à une entreprise de cette envergure. Comme dans le domaine de la mode, il lui faut assurer un renouvellement saisonnier des modèles dit "fantaisie".

Le secteur du sac à main s'oriente ainsi sans discontinuer vers une recherche de matières, tandis que se perpétue l'esprit d'innovation des formes.

Depuis les années cinquante, toute une série de modèles se sont succédé dans la maison, comme le "sac à coffret à bijoux", "le sac-valise à pressions", le sac nommé à l'époque "sac Coquin", cadenassé par une chaîne dorée, puis, en 1965, le sac dit "sac-fleur Charleston", caractérisé par une ouverture en corolle, ou encore le "sac-pochette Galipette" en antilope, avec son large fermoir en laque de Chine… Puis, les "sacs à soufflets", portés à la main, s'inclinent peu à peu devant les sacs portés en bandoulière : très en vogue au début des années soixante-dix, ils sont adoptés par une majorité de femmes.

À la fin des années quatre-vingt, le "sac-seau", lancé en 1987, est un succès sans précédent, grâce à ses multiples déclinaisons de textures et de tons : il s'autorise en effet des *look* sport, comme très habillés. Fleuron de la marque pendant plus d'une décennie, il est aujourd'hui devenu un grand classique.

La tendance *revival* qui fait, ces dernières années, se pencher stylistes et créateurs de mode sur la période des Trente Glorieuses inspire également Lancel. Quelques matières anciennes sont réactualisées, comme le Saffiano, au grain d'aspect toile, très apprécié dans les années vingt, ou comme la toile nommée à l'époque Mistral (plus récente), sorte de toile de Nylon créée pour Lancel dans les années soixante-dix, et que l'on associe aujourd'hui à du porc ou à des finitions sellerie. Certains bagages des années trente, très luxueux, sont aussi réédités en séries limitées : d'une grande élégance, ces valises et sacs-boîtes (ancêtres plus vastes du "*Vanity Bag*"), en parchemin et cuir lisse à surpiqûres sellier, sont montées à l'ancienne sur fût de bois.

Une société porteuse d'avenir

Qui aurait pu deviner que la fabrique d'articles pour fumeurs fondée par les époux Lancel à la fin du XIXe siècle deviendrait l'une des marques de luxe les plus réputées au monde, spécialisée dans le bagage et la maroquinerie fine ?

Cette maison, plus que centenaire, a conservé le nom de ses fondateurs en portant son patrimoine culturel comme les valeurs mêmes de son savoir-faire.

La maison Lancel est en effet restée fidèle à ses engagements initiaux, garants d'élégance et de goût.

Elle n'a eu de cesse que d'illustrer la modernité au travers de son intense activité créatrice et de la qualité irréprochable de ses articles, à l'image de ces grandes entreprises de renom à forte tradition ancestrale qui ont fait de Paris la capitale du luxe. Un luxe bien spécifique qui trouve une juste mesure entre fonctionnalité et esthétique, sans tapage ni clinquant.

Lancel a su se diversifier, s'ouvrir aux nouvelles techniques et aux nouvelles matières, pour permettre le succès qu'on lui connaît aujourd'hui. En s'imprégnant à chaque époque de l'esprit des temps, Lancel a non seulement forgé son style, mais a aussi fortement ancré son identité.

Lancel fête ses cent vingt-cinq ans en 2001, première année de ce nouveau siècle qui lui déroule son tapis rouge.

---

* Notes tirées de l'ouvrage de Florence Müller, *Lancel*, Paris, Éditions du Regard, 1995.
** Cordura est une marque déposée.

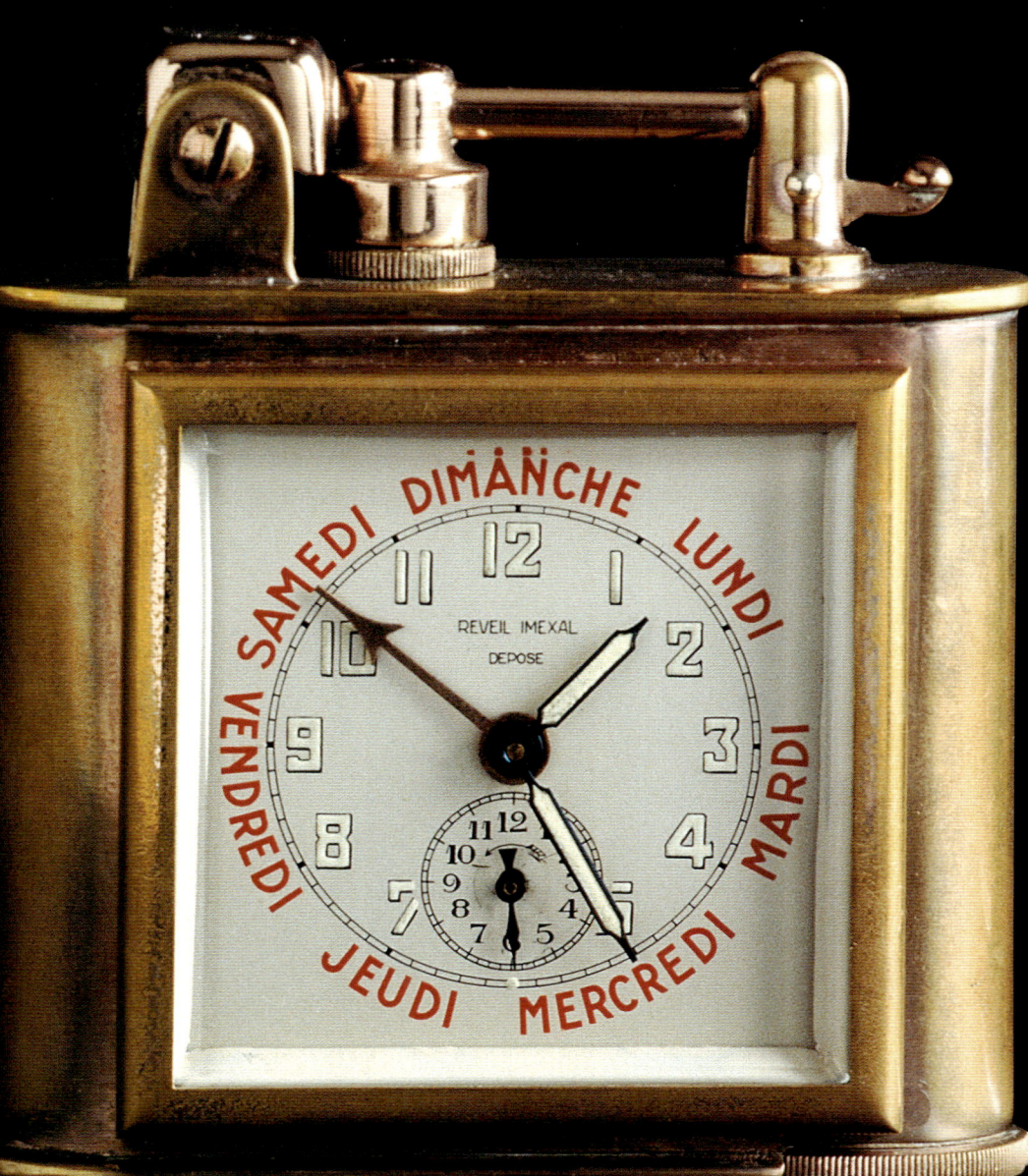

 Les magasins les plus luxueux et les plus élégants de Paris

Par son rayon unique en maroquinerie de luxe LANCEL lance la mode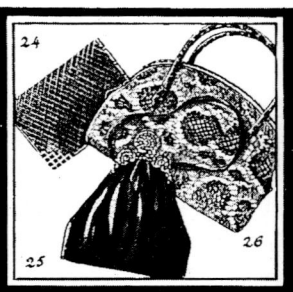

 Une table ornée d'orfèvrerie LANCEL est élégante et impeccable

Les articles de fumeurs de LANCEL sont de réputation mondiale

LAN
3, BOULEVARD

 Les cadeaux les plus chics portent la signature de LANCEL

Les articles fantaisies créés par LANCEL sont le succès du Boulevard

 Toujours des nouveautés du goût le plus sûr et le plus parisien

Les bagages de LANCEL sont modernes, élégants et incomparables comme prix

des ITALIENS   Paris

Publicité Metzger et Halbronn

Mes amis me disent
que j'ai des idées originales
pour leurs cadeaux mais ....
c'est à Lancel que
je les dois
Cordialement
Bourvil
1955

Bourvil

Avec admiration
votre Joséphine
Baker 1959 Paris

Joséphine Baker

Pour Monsieur
Lancel avec mon
Bon Souvenir de 17-4-59
Halimi

Halimi
Champion du monde
Boxe

Je regrette de ne pas être
femme pour porter un
sac de chez Lancel.
J'ai d'ailleurs tort de
me plaindre car je vois
autour de moi tant de
choses qui me conviennent
Compliments
Jean Renoir

Jean Renoir

le nouveau BRIQUET
AUTOMATIQUE
LANCEL

S'ALLUME
AR SIMPLE PRESSION

NE NOIRCIT
NI LE DOIGT
NI LE GANT

En vente
partout

POUR NOËL ET LES ETRENNES
LANCEL
VOUS INVITE A VENIR VOIR LES CADEAUX LES PLUS CHICS
13. Bᵈ DES ITALIENS & 38. Bᵈ DES ITALIENS

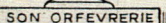

SON ORFEVRERIE — SES BIJOUX — SON ORFEVRERIE

SES SACS PERLÉS — SES SACS DU SOIR

SON ORFEVRERIE — SES SERVICES THÉ.CAFÉ — SES COUPES

SES POCHETTES MODE — SES SACS NOUVEAUTES

SES ARTICLES FUMEURS — SES PENDULETTES — SES PORTEFEUILLES

SES DANCING — SES SACS EMAIL

CATALOGUE FRANCO SUR DEMANDE

Les pipes de Lancel

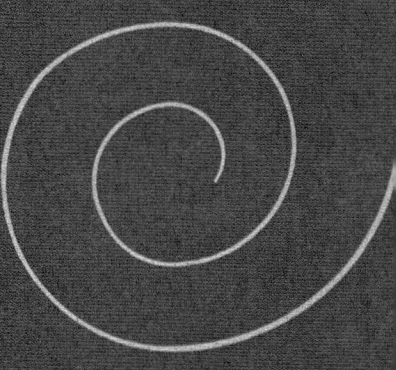

ET SES ARTICLES POUR FUMEURS

OCCASION — FIN DE SÉRIE
Pipes assorties livrables en boîte de 12 sans garantie de formes.

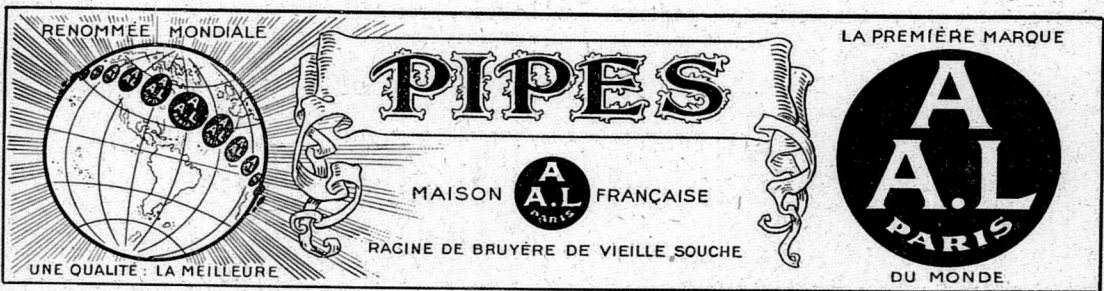

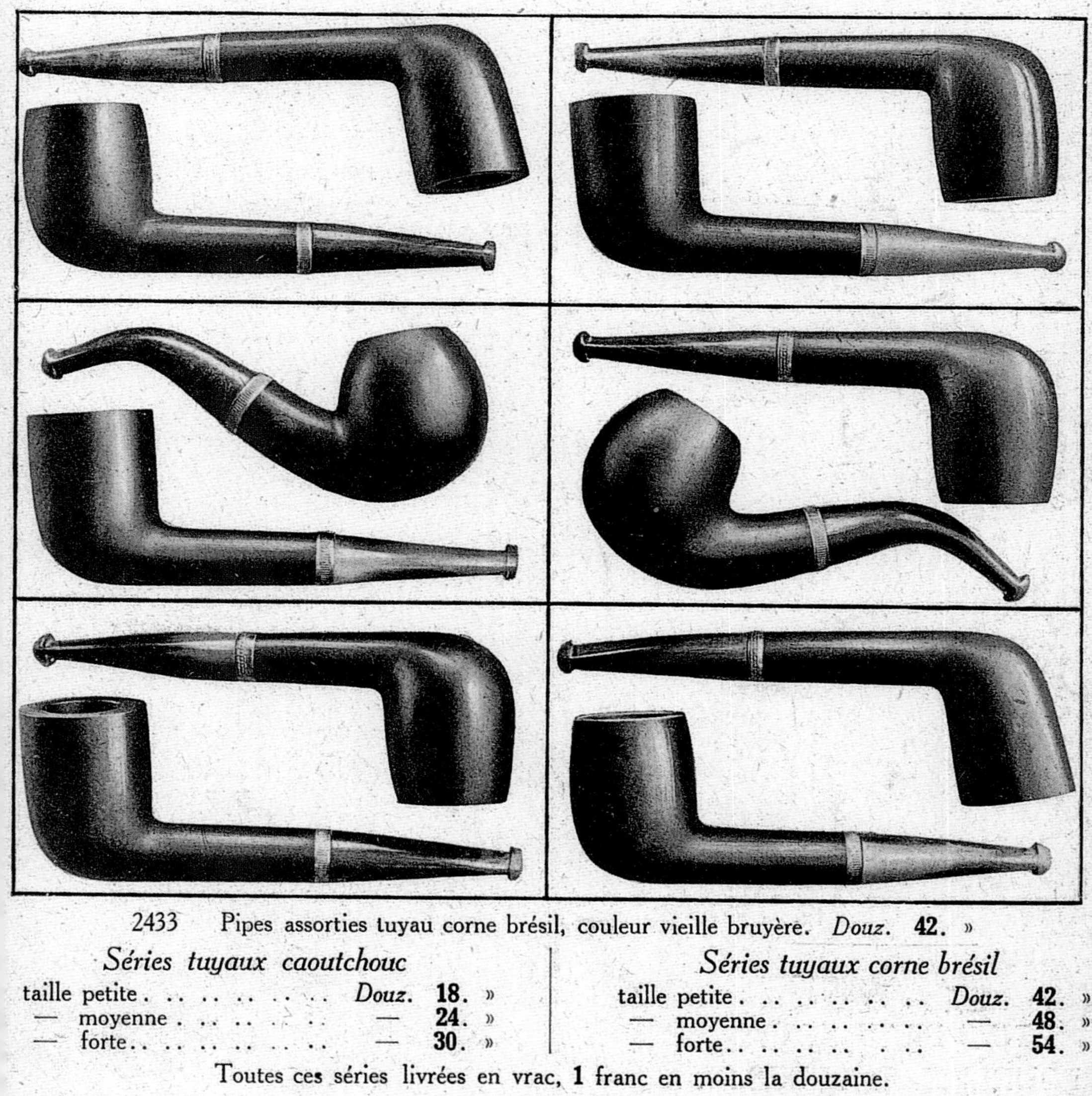

RENOMMÉE MONDIALE — **PIPES** — **LA PREMIÈRE MARQUE**
A.L. Paris — MAISON FRANÇAISE — RACINE DE BRUYÈRE DE VIEILLE SOUCHE
UNE QUALITÉ : LA MEILLEURE — **A.A.L PARIS** DU MONDE

2433   Pipes assorties tuyau corne brésil, couleur vieille bruyère.   Douz. **42.** »

Séries tuyaux caoutchouc		Séries tuyaux corne brésil	
taille petite . . . . Douz.	18. »	taille petite . . . . Douz.	42. »
— moyenne . . . . . —	24. »	— moyenne . . . . . —	48. »
— forte . . . . —	30. »	— forte . . . . —	54. »

Toutes ces séries livrées en vrac, **1** franc en moins la douzaine.

Pour mes sacs une seule maison "Lancel"

Arletty

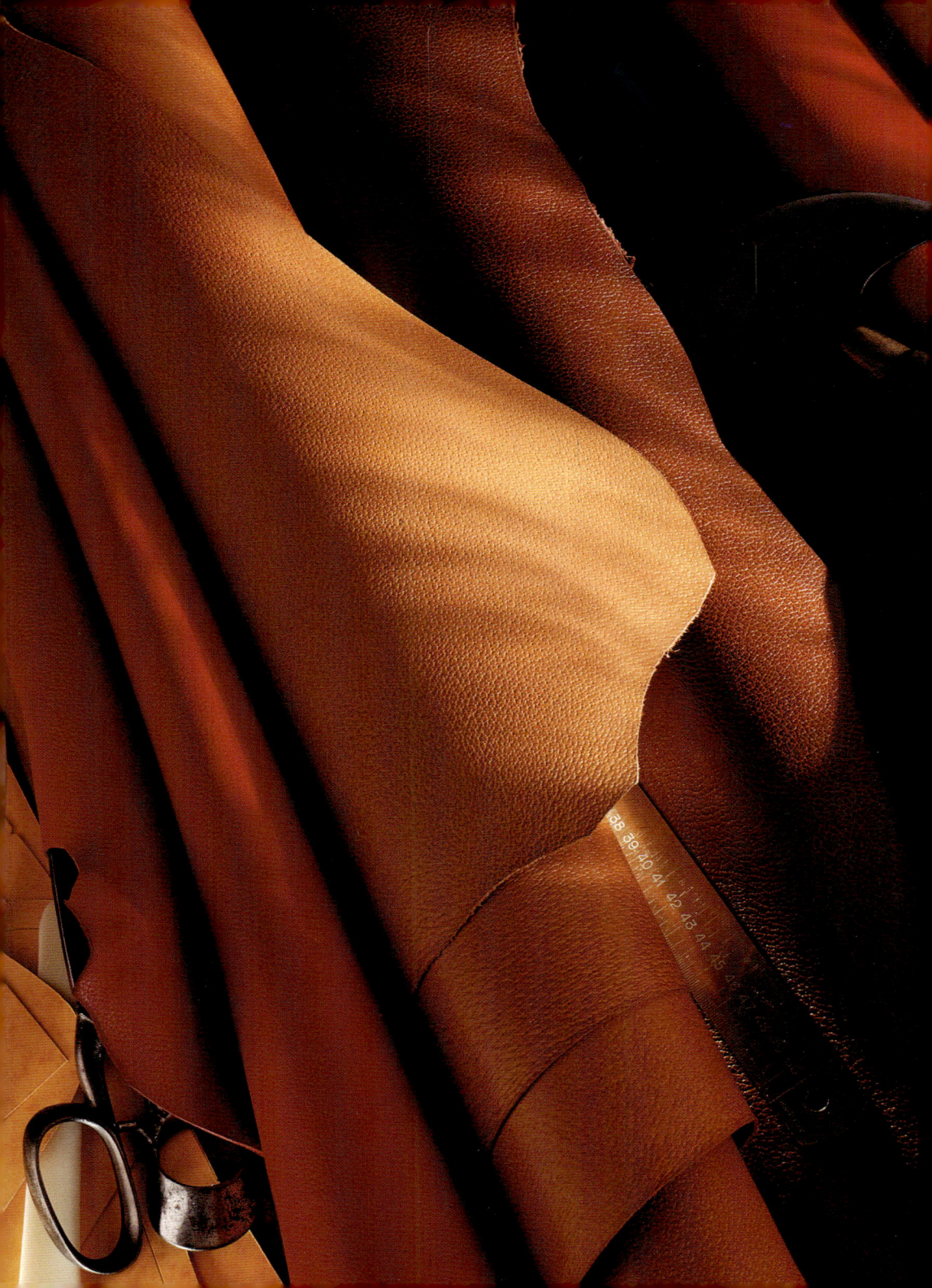

Repères chronologiques

1876 : Alphonse Lancel et son épouse, Angèle, ouvrent à Paris une petite fabrique de pipes, au 20, passage des Petites-Écuries.
1879 : Angèle Lancel décide de se lancer dans les affaires et de s'orienter vers la vente au détail. Le magasin d'articles pour fumeurs Au Phénix ouvre, au 17, boulevard Poissonnière. L'usine qui les fabrique est implantée 81, quai de Valmy.
1883 : Une nouvelle boutique est inaugurée, 11, boulevard des Italiens, à deux pas de la rue de la Paix. La firme est déjà à la tête de cinq succursales en province, à Marseille, Bordeaux, Lyon, Le Havre et Lille.
1896 : La grande fabrique de pipes ouverte quelques années plus tôt sous le propre nom d'Angèle Lancel, 139, boulevard de Sébastopol, est rebaptisée À l'Incomparable. La boutique Au Phénix s'est déplacée au 28, boulevard des Italiens.
1898 : Albert Lancel a rejoint sa mère aux affaires familiales. Il adjoint à la fabrique de pipes une boutique, au 19, boulevard Montmartre, et en ouvre une autre, au 22, rue de la Paix.
1901 : Angèle Lancel décède. Son fils, Albert, reprend la direction de l'entreprise. Il s'oriente vers l'accessoire féminin et l'objet décoratif. Apparition des premiers sacs à main en cuir.
1910 : De nouveaux ateliers sont installés dans un ancien relais de poste situé au 3, impasse de la Planchette. Ils fonctionnent à l'énergie électrique. Parallèlement à la maroquinerie fine, un service de "pièces sur commande" est proposé.
1911 : La firme suit sa clientèle dans ses lieux de villégiature. Après Toulouse et Nice, s'ouvrent successivement une boutique à Vichy, puis à Nantes.
1913 : Le briquet nommé à l'époque Nul Système, ancêtre du briquet de poche, s'affiche sur les premières annonces de Lancel, dans *L'Illustration*, tout comme le poudrier à motif de coccinelle.
1918 : Après la première guerre mondiale, Albert Lancel dépose, le 13 juin, les statuts de la Société des établissements Lancel, sous les initiales A.A.L.
1920 : Un département d'orfèvrerie et arts de la table est inauguré.
1922 : Le magasin de maroquinerie, bronzes et articles de fantaisie d'Auguste Klein, situé au 38, boulevard des Italiens, est racheté. Un autre magasin, destiné à la bijouterie et la joaillerie-horlogerie, s'ouvre, au 13 du même boulevard.
1923 : Le département disques et phonographes vient enrichir les développements de la marque.
1924 : L'enseigne Fabrique de pipes disparaît, elle ne correspond plus à l'activité. L'objet de luxe, la maroquinerie et les articles de voyage prennent le pas.
1926 : Albert Lancel rachète le bail du magasin À la petite Jeannette, au croisement du boulevard des Italiens et de la rue de Richelieu.
1927 : Le nouveau magasin est inauguré le 2 mai. Le sigle Lancel Maroquinerie Orfèvrerie s'affiche en lettres géantes sur une spectaculaire façade vitrée. Lancel produit la même année un briquet de poche "révolutionnaire" qui s'allume automatiquement par simple pression. Il fabrique aussi des pendulettes en bois sculpté en forme d'animaux.
1928 : Le brevet d'un petit "sac-parapluie" est déposé, ainsi que celui de la malle nommée à l'époque Aviona, prévue pour les cabines de paquebots.
1929 : La Bourse s'effondre. Les affaires de Lancel, tournées principalement sur le marché intérieur, ne sont pas affectées. Une dizaine de points de vente se répartissent dans toute la France. Un nouvel emplacement de boutique est choisi place de l'Opéra.
1932-1933 : Albert Lancel continue à déposer une multitude de brevets, comme un briquet qui donne l'heure ou l'appareil TSF miniature, avec sa valise portable. Les travaux d'agrandissement du magasin de l'Opéra s'achèvent : il devient désormais l'emblème de la marque.
1937 : Albert Lancel participe à l'Exposition internationale des arts et des techniques. Il gagne le grand prix grâce à ses fameux briquets automatiques nommés à l'époque l'Allumette Lancel, le Lancel Excelsior et le Lancel Royal avec sa montre intégrée.

Détail d'une valise en toile garnie de cuir naturel, logo Lancel.
© *Lancel/D.R.*

1947 : C'est l'année du New Look. Albert Lancel, qui fête ses soixante-treize ans, confie une partie de ses affaires à ses deux gendres : M. Devouge prend la tête du magasin de l'Opéra et M. Champagne la direction des ateliers.

1950 : Le magasin du boulevard des Italiens disparaît.

1956 : La fameuse valise souple Kangourou, avec sa poche sur le dessus, est brevetée en 1956. Elle est fabriquée dans une toile de Nylon légère, le Nélac (une exclusivité Lancel). Elle préfigure la fabrication en série du bagage.

1958 : Albert Lancel se retire des affaires. M. Devouge, le mari de la fille aînée, prend la direction générale, tandis que sa belle-mère assure la présidence.

1959 : Le magasin de l'Opéra, qui a pris feu en avril, est totalement rénové et agrandi. Il va se répartir sur quatre niveaux et inaugurer un rayon "Mariagerie".

1960 : Albert Lancel décède, à l'âge de quatre-vingt-sept ans. Il ne reste plus que quatre succursales Lancel (Paris, Nice, Nantes, Lyon). Les pendules au style animalier connaissent un grand succès. Les catalogues de cadeaux d'entreprise font leur entrée.

1964 : Le sac Trottin fait l'objet d'un dépôt, ainsi que le sac Coquin, cadenassé par une chaîne dorée.

1965 : Lancement du sac nommé à l'époque Charleston avec son ouverture en corolle. Les premiers sacs à bandoulière apparaissent.

1966 : Afin de faciliter l'identification de la marque, le logo Lancel, aux lettres arrondies et étirées, est créé.

1970 : Un autre incendie dévaste, cette fois-ci entièrement, le magasin place de l'Opéra, occasionnant deux années de travaux. La société Sogedi, spécialisée dans la fabrication de bagages, commence à fabriquer des articles de voyage pour Lancel.

1971 : Une nouvelle boutique s'ouvre sur le rond-point des Champs-Élysées.

1972 : M. Devouge informatise l'entreprise. Il accorde à la société Sogedi, appartenant à Edgard et Jean Zorbibe, une licence de bagages et de maroquinerie.

1976 : Devouge a passé le relais aux frères Zorbibe qui reprennent l'affaire. Marketing, communication et distribution sont repensés. Un nouveau réseau de points de vente est mis en place sous leur présidence : vingt-cinq magasins, dix-huit *corners*, deux cents diffuseurs multi-marques, ainsi que deux franchises, assurent en France la distribution. Les locaux de l'impasse de la Planchette sont délaissés.

1979 : Deux filiales sont inaugurées aux États-Unis, suivies durant la prochaine décennie d'une percée dans tout le Sud-Est asiatique.

1981 : L'Impasse de la Planchette est remplacée par un immeuble, au 127 de l'avenue des Champs-Élysées. De l'administration au département de création jusqu'à l'immense *showroom*, tous les services y seront regroupés.

1984 : Lancel sort une nouvelle ligne de bagages réalisés à partir d'une toile de Nylon en couleur et avec des garnitures en cuir.

1987 : Le "sac-seau" sort au rayon des sacs fantaisie. Lancel sponsorise à Deauville la "Lancel Polo Cup", qui sera décernée chaque année à l'occasion de l'unique tournoi international de polo organisé en France.

1990 : L'entreprise est à la tête d'un millier de points de vente, répartis sur une quarantaine de pays, dont cinq cents au Japon, l'un de ses plus grands marchés.

1993 : Un bureau de style interne est créé.

1994-1996 : Des matières anciennes, comme le Saffiano (1920), au grain d'aspect toile, ou la toile de Nylon nommée à l'époque Mistral (1970) sont réactualisées. Des bagages en parchemin et cuir lisse, datant des années trente, sont réédités en séries limitées.

1997 : La société Lancel est rachetée par le Groupe Vendôme. Michel Guten est son nouveau président.

1999 : La firme se rajeunit. Les gammes sont recentrées, les équipes étoffées et un nouveau concept de boutique comme un nouveau logo sont repensés.

Le magasin Lancel aujourd'hui, place de l'Opéra.
© Lancel/D.R.

Lancel

Vue de la place de l'Opéra à Paris, vers 1950. À droite, façade du magasin Lancel. © Archives Lancel.

Briquet-pendulette, années cinquante. © Collection Archives Lancel.
Couple sortant de l'Opéra, ouverture du catalogue Lancel de 1937. © Archives Lancel.

Publicité Lancel. 3, boulevard des Italiens, Paris, 5 novembre 1927. © Archives Lancel.

Extrait du livre d'or du magasin Lancel de la place de l'Opéra dans les années cinquante. Y figurent les signatures de Bourvil, Joséphine Baker, Jean Renoir, etc., parmi les clients les plus célèbres. © Archives Lancel.
Joséphine Baker, une cliente de prestige de la maison Lancel. © Keystone.

Fume-cigare et fume-cigarette en différents matériaux, ivoire, argent, corne, or, galalithe. Circa années vingt. © Photo Jacques Boulay.
Publicité Lancel du 19 novembre 1927 vantant les mérites du briquet automatique Lancel. © Archives Lancel.

Publicité Lancel, Noël et les étrennes, 13 décembre 1924. © Archives Lancel.
Coffret à cartes routières en cuir grainé, réédition de 1967. © Photo Laziz Hamani/éditions Assouline.

Serviette en cuir grainé deux soufflets, créée en 1990. © Photo Laziz Hamani/ éditions Assouline.

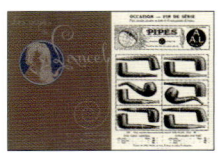

Couverture du catalogue d'articles pour fumeurs des établissements Lancel, novembre 1922. © Archives Lancel.
Planche de pipes, catalogue novembre 1922. © Archives Lancel.

Sac-seau et porte-monnaie en toile synthétique impression lézard garnie de cuir lisse et surpiqûres sellier, créés en 1987. © Lancel/D.R.
Arletty vantant les sacs Lancel dans une publicité de Noël 1928. © Archives Lancel.

Le sac-parapluie en box noir et boule ivoire, le plus grand succès de la saison 1929. © Archives Lancel.
Publicité Lancel, illustration du 26 octobre 1929 pour le sac-parapluie. © Archives Lancel.

Sac à main en cuir lisse rouge, collection 2000. © ABC.
Le packaging Lancel (gros plan), 2000. © Éditions Assouline.

Petit lapin dans mini-sac forme berlingot en veau, surpiqûres sellier. © Photo R. Tinelli.
Sac à main en veau naturel, surpiqûres sellier, collection avril 1999. © Lancel/D.R.

Sac porté épaule en cuir lisse rose fuchsia, collection juin 1999. © Lancel/D.R.

Besace en veau, surpiqûres sellier, collection 1999. © ABC.
Sac forme berlingot en veau piqûres sellier, collection mars 1999. © Lancel/D.R.

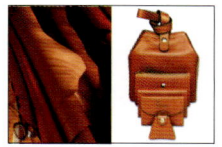

Rouleaux de cuir (gros plan) dans les ateliers de peausserie Lancel. © Photo Jacques Boulay.
Sac et pochettes en veau lisse à sigle frappé à chaud. © Lancel/D.R.

Le nettoyage des peaux dans les ateliers de préparation. © D.R.
Sac à main en crocodile marron. © D.R.

Invitation au voyage, sac polochon en toile impression lézard et cuir lisse, surpiqûres sellier. © Photo Sean Ellis.

Boîte à chapeau en parchemin et cuir lisse, surpiqûres sellier. © Lancel/D.R.

Publicités Lancel.
À gauche, Lancel et ses bagages modernes, 1er juin 1929. © Archives Lancel.
À droite, été 1994. © Lancel/D.R.

Sac de voyage en toile garni de cuir naturel, collection juin 1994. © Lancel/D.R.

La malle Aviona. Publicité Lancel du 24 mars 1928. © Archives Lancel.
Valise Lancel en parchemin et cuir lisse à surpiqûres sellier. © Photo Anna Stevenson.

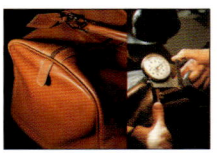

Sac de voyage en cuir gold, piqûres sellier. © Lancel/D.R.
Technique de fabrication (détail) : palmer pour mesurer l'épaisseur du cuir. © Photo Laziz Hamani/éditions Assouline.

Sac de voyage bavolet en toile garnie de cuir naturel, collection juin 1994. © Photo Jacques Boulay.
Joueurs de polo participant à la Lancel Polo Cup de Deauville. © Archives Lancel/D.R.

Sous-bois dans la campagne française. © Sygma.
Sac à dos en veau naturel à surpiqûres sellier, collection septembre 1999. © Lancel/D.R.

L'éditeur et la maison Lancel tiennent à remercier Michel Guten, Isabelle Brulier, Catherine Furic et Dominique Garban pour l'aide apportée à la réalisation de cet ouvrage.